M{ME} DE SÉVIGNÉ
A VICHY

PAR LE

D{R} BURGUIÈRES BEY

PROFESSEUR AGRÉGÉ A LA FACULTÉ DE MÉDECINE

DE PARIS

MÉDECIN PARTICULIER DU KHÉDIVE D'ÉGYPTE

VICHY

IMPRIMERIE WALLON.

1877

Mme DE SÉVIGNÉ

A VICHY

MME DE SÉVIGNÉ

A VICHY

PAR LE

Dr BURGUIÈRES BEY

PROFESSEUR AGRÉGÉ A LA FACULTÉ DE MÉDECINE

DE PARIS

MÉDECIN PARTICULIER DU KHÉDIVE D'ÉGYPTE

Mme DE SÉVIGNÉ
A VICHY

Lorsque, en quittant le Parc, autour duquel se trouvent les principales sources de Vichy et son splendide Casino, on se dirige, par la place de la nouvelle Mairie, vers la source des Célestins, on arrive à la rue dite rue Sévigné : cette dénomination se rattache au séjour que l'illustre écrivain fit à Vichy, et son souvenir devient en quelque sorte plus vivant encore lorsqu'après quelques pas, on aperçoit vers la gauche, au milieu de bosquets fleuris, la maison qu'elle habita il y a bientôt deux siècles. Cette maison au pignon élevé, a conservé son aspect et son cachet caractéristiques, grâce aux soins d'un propriétaire intelligent qui a le culte du passé. Les voisins, les Pères Célestins, ont à peu près disparu par suite des révolutions. La gloire littéraire a survécu aux fondations religieuses.

L'impression produite sur moi par la vue de ces localités m'a naturellement suggéré l'idée de relire les lettres de Mme de Sévigné.

Mme de Sévigné parle souvent de Vichy. Elle raconte sa maladie, son séjour aux Eaux, sa cure, avec ce charme de style qui n'a jamais été dépassé. Incidemment, elle parle de la médecine et des médecins de son temps, et elle le fait avec cette sûreté de jugement et cette indépendance d'esprit qu'elle a apportées dans toutes les questions qu'elle a abordées.

Mon but, dans cet opuscule, résultat de mes loisirs de malade et de médecin pendant deux saisons de traitement à Vichy, est de faire partager au public le plaisir que j'ai trouvé dans la lecture des passages, peut-être un peu trop oubliés, que Mme de Sévigné a consacrés à Vichy. Je comparerai, en outre, Vichy moderne à l'ancien Vichy, et les doctrines d'une autre époque à celles qui dirigent aujourd'hui la médication thermale.

Mme de Sévigné, née le 5 février 1626, déclare elle-même que, jusqu'à l'âge de 48 ans, elle jouit d'une magnifique santé. Elle mène cependant une vie très-remplie. Elle est de toutes les fêtes de la cour de Louis XIV, si célèbre par son faste; elle reçoit et rend une foule de visites, ne manque pas un sermon de

Bourdaloue ou de Mascaron, et voit tous les philosophes, les gens d'esprit et les hommes politiques qui lui fournissent le sujet de ses intéressantes lettres. La première fois qu'elle parle de sa santé, c'est dans sa lettre du 6 août 1675, au comte de Bussy : « J'ai bien eu des vapeurs, dit-elle, et « cette belle santé que vous avez vue si « triomphante, a reçu quelques atta- « ques dont je me suis trouvée humiliée, « comme si j'avois reçu un affront. » Le 21, elle écrit à sa fille : « Je prends « demain une troisième médecine : je « marcheroi beaucoup : je m'imagine « que j'en ai besoin. »

Pendant près de six mois, Mme de Sévigné ne parle pas de sa santé. Le lundi 3 février 1676, elle écrit à sa fille, empruntant la plume de son fils, le baron de Sévigné : « Devinez ce que

« c'est, mon enfant, que la chose qui
« vient le plus vîte, et qui s'en va le
« plus lentement; qui vous fait appro-
« cher le plus près de la convalescence,
« et qui vous en retire le plus loin ; qui
« vous fait l'état du monde le plus
« agréable, et qui vous empêche le plus
« d'en jouir; qui vous donne les plus
« belles espérances, et qui en éloigne le
« plus l'effet : ne sauriez-vous le devi-
« ner ? *Jetez votre langue aux chiens!*
« C'est un rhumatisme. Il y a vingt-
« trois jours que j'en suis malade;
« depuis le quatorze, je suis sans fièvre
« et sans douleurs; et, dans cet état
« bienheureux, croyant être en état de
« marcher, qui est tout ce que je sou-
« haite, je me trouve enflée de tous
« côtés, les pieds, les jambes, les mains,
« les bras ; et cette enflure, qui s'ap-
« pelle ma guérison, et qui l'est effecti-

« vement, fait tout le sujet de mon im-
« patience, et feroit celui de mon mérite,
« si j'étois bonne.

« Cependant, je crois que voilà qui
« est fait, et que dans deux jours je
« pourroi marcher.

« Larmechin [1] me fait espérer, *o che
« spero!* Je reçois de partout des lettres
« de réjouissance sur ma bonne santé,
« et c'est avec raison.

« Je me suis purgée une fois avec la
« poudre de M. de Lorme [2], qui m'a

---

[1] Valet de chambre, chirurgien du baron de Sévigné. Chaque grande maison avait ainsi son médecin ou son chirurgien attitré. A la cour, ces fonctions constituaient des charges privilégiées qui se vendaient jusqu'à cent cinquante et même deux cent mille francs.

[2] De Lorme était, d'après Gui Patin, médecin de cour et surintendant des Eaux de Bourbon. Il usait très-largement de la médication évacuante, ce qui fait sans doute qu'il s'enrôla un des pre-

« fait des merveilles ; je m'en vais encore
« en reprendre ; c'est le véritable remède
« pour ces sortes de maux ; on me pro-
« met, après cela, une santé éternelle ;
« Dieu le veuille !.,... Adieu, ma très-
« belle et très-aimable ; je vous conjure
« tous de respecter, avec tremblement,
« ce qui s'appelle un rhumatisme. »

Evidemment la maladie dont Mme de Sévigné est atteinte, c'est ce que nous appelons aujourd'hui le rhumatisme articulaire aigu. On n'en peut souhaiter une description plus pittoresque, et celle qu'elle donne sera sanctionnée par tous les rhumatisants passés, présents et futurs. Au point de vue doctrinal, nous trouverions sans doute quelque chose à redire au sujet de ces enflures

---

miers sous la bannière des partisans de l'antimoine. L'émétique formait la base de la poudre qui fut prescrite à Mme de Sévigné.

qu'elle considère comme des signes favorables et en quelque sorte nécessaires. C'est ce que les médecins de son temps appelaient une crise, et qui n'est pour nous qu'un symptôme secondaire ou une complication. Elle fait usage de l'émétique qui a été souvent employé depuis dans des cas analogues, et il paraît que ce ne fut pas sans hésitation et sans quelques luttes de famille, comme en témoigne la lettre que le baron de Sévigné écrit à la suite de la précédente, et pour son propre compte, à sa sœur, Mme de Grignan :

« Si ma mère s'étoit abandonnée au
« régime de ce bonhomme (M. de
« Lorme) et qu'elle eût pris tous les
« mois sa poudre, comme il le vouloit,
« elle ne seroit pas tombée dans cette
« maladie, qui ne vient que d'une re-
« plétion épouvantable d'humeurs ; mais

« c'étoit vouloir assassiner ma mère,
« que de lui conseiller d'en essayer une
« prise : cependant, ce remède si ter-
« rible, qui fait trembler en le nommant,
« qui est composé avec de l'antimoine,
« qui est une espèce d'émétique, purge
« beaucoup plus doucement qu'un verre
« d'eau de fontaine, ne donne pas la
« moindre tranchée, la moindre dou-
« leur, et ne fait autre chose que de
« rendre la tête nette et légère, et ca-
« pable de faire des vers si on vouloit
« s'y appliquer. Il ne falloit pourtant
« pas en prendre : « Vous moquez-vous,
« mon frère, de vouloir faire prendre de
« l'antimoine à ma mère ? Il ne faut
« seulement que du régime, et prendre
« un petit bouillon de séné tous les
« mois : » voilà ce que vous disiez.
« Adieu, ma petite sœur ; je suis en colère
« quand je songe que nous aurions pu

« éviter cette maladie avec ce remède,
« qui vous rend si vite la santé, quelque
« chose que l'impatience de ma mère
« lui fasse dire. Elle s'écrie : « O mes
« enfants que vous êtes fous de croire
« qu'une maladie se puisse déranger !
« Ne faut-il pas que la Providence
« de Dieu ait son cours ? et pouvons-
« nous faire autre chose que de lui
« obéir ? Voilà qui est fort chrétien ;
« mais prenons toujours, à bon compte,
« de la poudre de M. de Lorme. »

Cette lettre nous donne un curieux reflet des doctrines médicales de l'époque et des discussions qui avaient encore lieu relativement à l'emploi de l'émétique, qui cependant, après de longs débats, avait obtenu depuis plus de dix ans déjà, en 1665, la sanction de la Faculté et un arrêt favorable du Parlement. Quant à Mme de Sévigné, elle céde aux obsessions de ses proches ; mais, avec la tournure de son esprit, elle semblerait plus disposée à la résignation chrétienne ou au septicisme.

Quoi qu'il en soit, au bout de soixante-dix jours, le 22 mars 1676, Mme de Sévigné fait encore écrire qu'elle se porte très-bien, hormis ses mains *pour lesquelles il n'y a ni rime ni raison.*
« Vous ne devez pas perdre encore
« l'idée que vous avez de moi : mon
« visage n'est point changé ; mon esprit
« et mon humeur ne le sont guère ; je
« suis maigre et j'en suis bien aise ; je
« marche, et je prends l'air avec plaisir.
« Si l'on me veille encore, c'est parce
« que je ne puis me tourner toute seule
« dans mon lit ; mais je ne laisse pas de
« dormir. Je vous avoue bien que c'est
« une incommodité, et je la sens un peu.
« Mais enfin, ma fille, il faut souffrir ce

« qu'il plaît à Dieu, et trouver encore
« que je suis bien heureuse d'en être
« sortie; car vous savez quelle bête
« c'est qu'un rhumatisme ? Quant à la
« question que vous me faites, je vous
« dirai le vers de *Médée* :

« C'est ainsi qu'en partant je vous fais mes adieux.

« Je suis persuadée qu'ils sont faits,
« et l'on dit que je vais reprendre le fil
« de ma belle santé. »

Admirons en passant la délicatesse avec laquelle Mme de Sévigné touche à un sujet toujours difficile à aborder pour une femme. La médecine, qui a moins de pudeur, constaterait que la période de la ménopause et ses dangers viennent d'être heureusement franchis.

Un peu plus loin, Mme de Sévigné semble emprunter le pinceau de Mignard dans le tableau qu'elle esquisse

d'elle-même : « Au reste, si vous m'a-
« viez vue faire la malade et la délicate
« dans ma robe de chambre, dans ma
« grande chaise, avec des oreillers et
« coiffée de nuit, de bonne foi vous ne
« reconnoîtriez pas cette personne qui
« se coiffoit en toupet, qui mettoit son
» busc entre sa chair et sa chemise, et
« qui ne s'asseyoit que sur la pointe
« des siéges pliants. »

Enfin, après trois mois de maladie, Mme de Sévigné souffre encore de douleurs, particulièrement dans les genoux et dans les mains. Elle écrit, mais difficilement, et ne peut rien porter ; « une cuiller lui paroît la machine du monde.» C'est alors que ses médecins lui conseillent les Eaux minérales. On hésite entre Bourbon[1] et Vichy ; Vichy l'em-

---

1 Evidemment Bourbon-l'Archambault, thermes très-fréquentés à cette époque. Boileau s'y rendit plus tard, en 16..

porte par des considérations extra-médicales : « J'aime mieux Vichy, écrit la « malade, par deux raisons : l'une, « qu'on dit que Mme de Montespan va « à Bourbon; et l'autre, que Vichy est « plus près de vous. »

C'est toujours une question difficile à résoudre que de savoir quelles sont les Eaux à prescrire dans tel ou tel cas. Même de nos jours, on consulte souvent certaines convenances particulières, plutôt que les indications médicales. Il existe cependant des données scientifiques qui président à la solution de cette question.

Rappelons d'abord une action commune à toutes les Eaux minérales. Indépendamment de l'effet salutaire produit par le changement d'air, de climat et d'habitudes, presque toutes les Eaux déterminent une stimulation générale des fonctions qui, dans certaines limites, exerce une influence favorable sur la constitution.

Si nous arrivons aux actions spéciales, nous en trouvons de deux ordres, celles qui sont constatées par un empirisme rationnel, et celles qui résultent d'une réaction chimique déterminée.

Par empirisme rationnel, nous entendons parler, non de ces traditions vagues qui ont fait longtemps la réputation de telles ou telles Eaux minérales, mais de l'observation médicale sérieuse qui en a spécifié les effets. Il s'agit là de problèmes de l'ordre de ceux que l'on a à résoudre chaque jour dans la médecine pratique. Ainsi, pour parler du rhumatisme, maladie dont Mme de Sévigné était atteinte, beaucoup d'Eaux minérales se disputent l'honneur de le guérir. On ne les choisit plus aujourd'hui indifféremment. Les Eaux que j'appellerai *fortes*, telles que Bourbon-l'Archambault et ses analogues, sont réservées aux affections franchement chroniques et aux constitutions robustes. S'il y a un élément nerveux, si l'on a affaire à un tempérament irritable, on se trouve mieux des eaux *faibles* dont Néris est le type. L'énergie d'une Eau peut tenir soit à sa composition, soit à sa température, soit même à la façon dont elle est administrée. Les Eaux d'Aix, en Savoie, qui sont à peine minéralisées, méritent d'être classées parmi les Eaux *fortes*, en raison du mode d'administration des douches et de la sudation, qui en est le corollaire presqu'indispensable. Si, indépendamment du phénomène douleur, on a à combattre une paralysie complète ou incomplète, une diathèse ou une cachexie d'un genre quelconque, le médecin a à faire son choix dans une série considérable d'Eaux qui ont une action spécifique et que je ne saurais énumérer ici. Mon but est seulement d'indiquer la nature du problême tout médical à résoudre dans le choix d'une Eau minérale, et je prendrai encore un exemple dans les maladies des voies respiratoires. Les Eaux-Bonnes, dont les effets sont si salutaires dans certains cas, doivent céder le pas aux Eaux du Mont-Dore, ou à celles d'Ems, lorsqu'il y a une tendance au retour de l'inflammation aigüe ou à l'hémoptysie. En un mot, les Eaux minérales ne sont pas un moyen banal de guérison ; ce sont des médicaments, et quelquefois des médicaments très-énergiques, dont le choix et le mode d'administration sont du ressort de la médecine pratique.

Il y a enfin un mode d'action spéciale

qui dépend de la composition chimique des Eaux minérales et de l'influence qu'exercent les principes constituants de ces eaux sur les tissus et les liquides du corps humain. La science moderne a fait sur ce point de très-grands progrès, soit par les analyses nombreuses et exactes que les chimistes nous ont données des Eaux, soit par la connaissance des réactions chimiques qui ont lieu dans notre économie, à l'état sain ou à l'état morbide. Il y a beaucoup à faire, il est vrai, dans cette voie, et, quant à certaines Eaux, si nous en connaissons mieux la composition que nos devanciers, nous serions souvent aussi embarrassés qu'eux de donner une explication chimique de leur efficacité. Ainsi, pour ce qui concerne les Eaux sulfureuses, à l'épreuve vague du sens de l'odorat nous avons substitué des instruments de précision, comme le Sulphydromètre, qui nous donne le degré exact de sulfuration et nous indique la mesure de l'énergie de ces Eaux. Mais nous ne savons pas mieux qu'autrefois pourquoi le soufre agit favorablement sur les maladies des voies respiratoires et sur les affections cutanées. Pour une seule de ces dernières, la gale, nous savons que le soufre tue l'acarus; mais les mystères du vice dartreux sur lequel les Eaux sulfureuses exercent une influence si salutaire, sont restés pour nous impénétrables.

L'arsenic est beaucoup employé de nos jours comme médicament, et les chimistes ont découvert cette substance dans quelques Eaux, notamment dans celles de la Bourboule, et dans celles de Vichy. Nous nous expliquons par là l'efficacité de ces Eaux dans quelques cachexies. Mais le problème n'est que déplacé et l'action intime de l'arsenic nous est restée parfaitement inconnue. Il en est souvent ainsi dans les questions médicales. Le public rit beaucoup lorsque, dans la cérémonie du Malade imaginaire, à la question : « *Cur opium facit dormire?* » le récipiendaire répond : « *Quia habet facultatem dormitivam.* » La réponse n'est pas aussi contraire qu'on peut le croire tout d'abord aux principes des sciences d'observation. On répondrait aujourd'hui que l'opium fait dormir parce qu'il renferme de la morphine ; mais : *Cur morphina facit dormire?* pourrait-on ajouter. Si quelques travaux des physiologistes modernes nous portent à penser que c'est parce que la morphine agit d'une manière spéciale sur certaines parties des centres nerveux, encore une fois le problème n'est que reculé, et nous nous trouvons toujours en présence d'un inconnu que l'on finit par rencontrer quand on étudie les phénomènes qui se passent dans les corps vivants.

Le champ des explications chimiques s'élargit lorsqu'il s'agit des sources alcalines et de celles de Vichy en particulier. Il parut en 1686, dix ans après le séjour de Mme de Sévigné à Vichy, un volume in-18, intitulé : « *Nouveau système des Bains et Eaux minérales de Vichy*, fondé sur plusieurs belles expériences et sur la doctrine de l'acide et de l'alcaly, par Claude Fouet, conseiller médecin ordinaire du Roy, intendant et maître de ces Eaux. »

On croirait, à la simple lecture de ce titre, que les questions tant débattues sur les Eaux de Vichy dans ces derniers temps, ont été envisagées, il y a deux cents ans et traitées de main de maître.

Il n'en est rien cependant, et les belles expériences de maître Fouet se réduisent à néant. La question des acides et des alcalis n'est pas même abordée, et les altérations humorales, dont se préoccupe l'auteur, ne sont autre chose que ces problématiques humeurs peccantes que Molière a si justement ridiculisées.

L'alcalinité des Eaux de Vichy est aujourd'hui chimiquement démontrée : On sait en outre pertinemment qu'après un usage de trois ou quatre jours de ces Eaux prises en boisson, plusieurs humeurs de l'économie naturellement acides, notamment les urines et la sueur, présentent des réactions alcalines. Et si on réfléchit qu'avant de modifier les sécrétions urinaires et sudorales, les sels alcalins ont dû se trouver en présence de la muqueuse gastro-intestinale, puis traverser le système circulatoire, on se rend compte de la multiplicité et de l'importance des effets produits par l'Eau de Vichy

Aussitôt que l'Eau alcaline arrive dans l'estomac, elle se trouve en contact avec le suc gastrique dont l'acidité naturelle se trouve en partie neutralisée. De là le succès des Eaux de Vichy dans le traitement des dyspepsies, dites acides, qui sont de beaucoup les plus fréquentes. Cette action chimique est incontestable, mais elle n'est pas la seule. L'Eau agit encore, et souvent avec efficacité, sur le tissu même de la membrane muqueuse, sur son sytème nerveux et sur ses autres sécrétions. Cette action s'étend même, dans certains cas, jusqu'à la muqueuse intestinale dont les sécrétions ne sont pas acides. Et ce qui prouve encore qu'il y a là des effets dont la chimie ne rend pas complètement compte, c'est que, de toutes les sources de Vichy, la plus efficace dans les affections gastro-intestinales, c'est la source de l'*Hôpital* qui ne diffère pas chimiquement d'une manière sensible des autres sources.

Le bi-carbonate de soude qui ne s'est pas combiné avec le suc gastrique est absorbé par les veines et porté dans le torrent circulatoire, et, par suite, mis en contact avec tous les organes. Là se produit l'action des matières alcalines sur les substances albuminoïdes, action essentiellement dissolvante. Ainsi s'explique l'efficacité des Eaux de Vichy dans l'albuminurie et dans les engorgements de différents organes. Ceux du foie sont particulièrement impressionnés par les Eaux alcalines, à la condition toutefois qu'il n'y ait pas inflammation confirmée du parenchyme. On peut même dire que le bi-carbonate de soude a sur le foie et sur ses maladies une action en quelque sorte élective. Les calculs biliaires sont peut-être directement dissous, ou, au moins, amoindris par suite du traitement par l'Eau de Vichy, qui en favorise l'élimination et en empêche la reproduction. La source de la *Grande-Grille* est celle qui est le mieux adaptée aux affections de ce genre.

Le succès des Eaux de Vichy dans le traitement du diabète tient-il à l'action des Eaux sur le foie qui, d'après les expériences de M. Claude Bernard, est l'organe producteur du sucre, ou bien le bi-carbonate de soude, se combinant avec le sucre renfermé en excès dans le sang des diabétiques, favorise-t-il la combustion de la matière sucrée dans les poumons ? Le fait est qu'il y a nécessairement, dans ce cas, une action chimique qui n'est pas étrangère à l'influence salutaire des Eaux de Vichy sur le diabète. Il est vrai que le traitement doit être secondé par un régime approprié et basé également sur des données chimiques, régime qui consiste à exclure de l'alimentation toutes les matières amylacées susceptibles de se transformer en sucre.

Nous avons dit plus haut que l'usage des Eaux de Vichy donne une réaction alcaline aux urines naturellement acides. C'est là le signe d'une perturbation profonde dans l'équilibre général des sécrétions, perturbation utile si elle est bien appliquée et bien dirigée. Mais l'action des Eaux alcalines est en quelque sorte directe et chimiquement explicable, lorsqu'il s'agit des dépôts qui se forment dans les voies urinaires, tels que la gravelle et les calculs d'un petit volume. Si ces dépôts sont constitués par des acides, comme l'acide urique ou l'acide oxalique, ils peuvent être directement entamés par le liquide alcalin, et plus ou moins facilement expulsés. Dans tous les cas, leur développement peut être arrêté et leur reproduction être prévenue.

Il y a même des cas, non moins nombreux, dans lesquels la matière constituante des concrétions, formées de phosphates, n'est pas attaquée par les alcalis ; mais ceux-ci, agissant sur le mucus concret qui entre dans la composition de ces concrétions, les désagrège et en facilite l'expulsion. La Source des *Célestins* est celle qui est la plus efficace dans les cas de ce genre.

. Il y a longtemps que l'on a signalé le degré de parenté qui existe entre la gravelle et la goutte. La chimie pathologique moderne a démontré la surabondance de l'acide urique dans les urines des goutteux et la présence d'urates dans les concrétions tophacées qui, au bout d'un certain temps, se déposent autour de quelques-unes de leurs articulations. D'un autre côté, le succès du traitement alcalin dans la goutte, comme dans la gravelle urique, achève d'établir la consanguinité de ces deux affections, et a été cité comme un des arguments les plus favorables à la médication chimique.

Il y aurait encore beaucoup à dire sur ce sujet, mais ce serait outrepasser le but que nous nous sommes proposé et qui consistait, non à résoudre toutes les questions que soulève l'emploi des Eaux minérales, mais à indiquer les bases complexes sur lesquelles repose la solution de ces questions. Il est temps d'ailleurs de revenir à Mme de Sévigné que nous avons laissée au moment de son départ pour Vichy.

Il fallait alors huit jours pour se rendre de Paris à Vichy, trajet que l'on parcourt aujourd'hui en huit heures. Si les amateurs d'impressions de voyage perdent quelque chose à cette rapidité, les malades n'ont pas lieu de la regretter.

Le mercredi, 20 mai 1676, le surlendemain de son arrivée à Vichy, Mme de Sévigné commence son traitement, dont on se plaît toujours à lire le compte-rendu pittoresque :

« J'ai donc pris des eaux ce matin,
« ma très-chère : ah ! qu'elles sont
« mauvaises ! On va à six heures à la
« fontaine : tout le monde s'y trouve, on

« boit, et l'on fait une fort vilaine mine,
« car imaginez-vous qu'elles sont bouil-
« lantes (¹), et d'un goût de salpêtre fort
« désagréable. On tourne, on va, on
« vient, on se promène, on entend la
« messe, on rend ses eaux, on parle
« confidemment de la manière dont on
« les rend ; il n'est question que de cela
« jusqu'à midi. Enfin, on dîne, on va
« chez quelqu'un : c'étoit aujourd'hui
« chez moi. Mme de Brissac a joué à
« l'hombre avec Saint-Hérem et Ranci ;
« le chanoine et moi, nous lisions
« l'*Arioste*. Il est venu des demoiselles
« du pays avec une flûte, qui ont dansé
« la bourrée dans la perfection. Elles
« font des *dégognades,* où les curés

---

1 Les Eaux de la source de la *Grande-Grille,* appelée alors le *Gros-Bouillon,* sont, selon toute vraisemblance, celles que buvait Mme de Sévigné. Leur température est de 42° centigrades.

« trouvent un peu à redire. Vous en
« savez présentement autant que moi.
« Je me suis donc assez bien trouvée
« de mes eaux, j'en ai bu douze verres ;
« elles m'ont un peu purgée, c'est tout
« ce qu'on désire. Je prendroi la douche
« dans quelques jours. »

Du 28 mai : « J'ai commencé aujour-
« d'hui la douche ; c'est une assez bonne
« répétition du purgatoire. On est toute
« nue dans un petit lieu souterrain, où
« l'on trouve un tuyau de cette eau
« chaude, qu'une femme vous fait aller
« où vous voulez. Cet état, où l'on con-
« serve à peine une feuille de figuier
« pour tout habillement, c'est une chose
« assez humiliante. J'avois voulu mes
« deux femmes de chambre, pour voir
« encore quelqu'un de connoissance.
« Derrière un rideau se met quelqu'un
« qui vous soutient le courage pendant

« une demi-heure ; c'étoit, pour moi, un
« médecin de Gannat, que Mme de
« Noailles a mené à toutes ses eaux,
« qu'elle aime fort, qui est un fort hon-
« nête garçon, point charlatan ni préoc-
« cupé de rien, qu'elle m'a envoyé par
« pure et bonne amitié. Je le retiens,
« m'en dût-il coûter mon bonnet ; car
« ceux d'ici me sont entièrement insup-
« portables, et cet homme m'amuse. Il
« ne ressemble point à un vilain méde-
« cin ; il a de l'esprit, de l'honnêteté ; il
« connoît le monde ; enfin j'en suis con-
« tente. Il me parloit donc pendant que
« j'étois au supplice. Représentez-vous
« un jet d'eau contre quelqu'une de vos
« pauvres parties, toute la plus bouil-
« lante que vous puissiez vous imagi-
« ner. On met d'abord l'alarme partout
« pour mettre en mouvement tous les
« esprits, et puis on s'attache aux join-

« tures qui ont été affligées ; mais quand
« on vient à la nuque du cou, c'est une
« sorte de feu et de surprise qui ne se
« peut comprendre ; c'est là cependant
« le nœud de l'affaire. Il faut tout souf-
« frir, et l'on souffre tout, et l'on n'est
« point brûlée, et l'on se met ensuite
« dans un lit chaud, où l'on sue abon-
« dammant, et voilà ce qui guérit.

« Voici encore où mon médecin est
« bon ; car, au lieu de m'abandonner à
« deux heures d'un ennui qui ne se peut
« séparer de la sueur, je le fais lire et
« cela me divertit. Enfin je ferai cette
« vie pendant sept ou huit jours, pen-
« dant lesquels je croyois boire ; mais on
« ne veut pas, ce seroit trop de choses ;
« de sorte que c'est une petite allonge à
« mon voyage. C'est principalement
« pour finir cet adieu, et faire une der-
« nière lessive, que l'on m'a envoyée

« ici, et je trouve qu'il y a de la raison ;
« c'est comme si je renouvelois un bail
« de vie et de santé ; et si je puis vous
« revoir, ma chère, et vous embrasser
« encore, d'un cœur comblé de tendresse
« et de joie, vous pourrez peut-être
« encore m'appeler votre *bellissima*
« *madre*, et je ne renoncerai pas à la
« qualité de *mère beauté,* dont M. de
« Coulanges m'a honorée. Enfin, ma
« chère enfant, il dépendra de vous de
« me ressusciter de cette manière. Je
« ne vous dis point que votre absence
« ait causé mon mal ; au contraire, il
« paroît que je n'ai pas assez pleuré,
« puisqu'il me reste tant d'eau ; mais il
« est vrai que de passer ma vie sans vous
« voir, y jette une tristesse et une amer-
« tume à quoi je ne puis m'accou-
« tumer. »

Du 1ᵉʳ juin : «.... Mais parlons de la

« charmante douche ; je vous en ai fait
« la description ; j'en suis à la qua-
« triéme ; j'irai jusqu'à huit. Mes sueurs
« sont si extrêmes que je perce jusqu'à
« mes matelas ; je pense que c'est toute
« l'eau que j'ai bue depuis que je suis
« au monde. Quand on entre dans ce
« lit, il est vrai qu'on n'en peut plus :
« la tête et tout le corps sont en mou-
« vement, tous les esprits en campagne,
« des battements partout. Je suis une
« heure sans ouvrir la bouche, pendant
« laquelle la sueur commence, et conti-
« nue deux heures durant ; et, de peur
« de m'impatienter, je fais lire mon mé-
« decin.... Je vais être seule, et j'en suis
« fort aise : pourvu qu'on ne m'ôte pas
« le pays charmant, la rivière d'Allier,
« mille petits bois, des ruisseaux, des
« prairies, des moutons, des chèvres,
« des paysannes qui dansent la bourrée

« dans les champs, je consens de dire
« adieu à tout le reste ; le pays seul me
« guériroit. Les sueurs, qui affoiblissent
« tout le monde, me donnent de la force
« et me font voir que ma foiblesse venoit
« des superfluités que j'avois encore
« dans le corps. Mes genoux se portent
« bien mieux ; mes mains ne veulent
« pas encore, mais elles le voudront
« avec le temps. Je boirai encore huit
« jours, du jour de la Fête-Dieu.... J'ai
« à vous dire que vous faites tort à ces
« eaux de les croire noires : pour noires,
« non ; pour chaudes, oui. Les Proven-
« çaux ([1]) s'accomoderoient mal de cette
« boisson ; mais qu'on mette une herbe
« ou une fleur dans cette eau bouil-
« lante, elle en sort aussi fraîche que

1 Mme de Grignan habitait la Provence. Son mari était lieutenant de M. de Vendôme au gouvernement de cette province.

« si on la cueilloit, et au lieu de griller
« et de rendre la peau rude, cette eau
« la rend douce et unie : raisonnez là-
« dessus. »[1].

Du 8 juin : « Vous êtes en peine de ma

[1] Le raisonnement est bien simple, et il n'est pas difficile de répondre aux questions posées par Mme de Sévigné. D'abord, l'eau de la *Grande-Grille* ou *Gros-Bouillon* n'est point bouillante par sa température, mais par suite de sa projection souterraine. Elle n'a que 42° à 43° degrés, et il paraît même qu'elle était moins chaude du temps de Mme de Sévigné. Sa température a augmenté par suite de la captation méthodique de la source, due à de récents travaux. La cellulose, qui forme la trame des végétaux, n'est détruite qu'à une température de 60° à 70°. Au contraire, une eau un peu chaude peut activer l'épanouissement des bourgeons ; c'est ce qu'on voit à la suite des pluies tièdes des contrées tropicales. De plus, le bicarbonate de soude, en dissolution dans l'eau de Vichy, a une action revivifiante sur les couleurs végétales, et en particulier sur la chlorophyle ou matière verte. Enfin, l'action dulcifiante de l'eau alcaline sur la peau est connue de tout le monde.

« douche, ma trés-chére ; je l'ai prise
« huit matins, comme je vous l'ai man-
« dé ; elle m'a fait suer abondamment ;
« c'est tout ce qu'on en souhaite, et, bien
« loin de m'en trouver plus foible, je
« m'en trouve plus forte. Il est vrai que
« vous m'auriez été d'une grande con-
« solation ; je doute cependant que
« j'eusse voulu vous souffrir dans cette
« fumée : pour ma sueur, elle vous au-
« roit un peu fait pitié ; mais enfin je
« suis le prodige de Vichy, pour avoir
« soutenu la douche courageusement.
« Mes jarrets en sont guéris ; si je fer-
« mois les mains, il n'y paroîtroit plus.
« Pour les eaux, j'en prendrai jusqu'à
« samedi ; c'est mon seizième jour ; elles
« me purgent et me font beaucoup de
« bien.

Du 12 juin : « ...Je reviens à ma santé :
« elle est très-admirable ; les eaux m'ont

« extrêmement purgée, et, au lieu de
« m'affoiblir, elles m'ont fortifiée. Je
« marche tout comme une autre ; je
« crains de rengraisser, voilà mon in-
« quiétude ; car j'aime à être comme je
« suis. Mes mains ne se ferment pas,
« voilà tout ; le chaud fera mon affaire.
« On veut m'envoyer au Mont-d'Or,
« je ne veux pas. Je mange présente-
« ment de tout, c'est-à-dire je le puis,
« quand je ne prendrai plus les eaux.
« Personne ne s'est mieux trouvé de
« Vichy que moi, car bien des gens
« pourroient dire :

> Ce bain si chaud, tant de fois éprouvé,
> M'a laissé comme il m'a trouvé.

« Pour moi, je mentirois ; car il s'en
« faut si peu que je fasse de mes mains
« comme les autres, qu'en vérité ce
« n'est plus la peine de se plaindre. »

Tel est le récit de la cure de Mme de Sévigné, cure à outrance, dont on verrait aujourd'hui bien peu d'exemples à Vichy. Les douches prolongées et la sudation ne sont guère en usage actuellement que dans les thermes réservés au traitement du rhumatisme, comme Bourbon, Aix et Néris. Nous avons vu que Bourbon était conseillé à Mme de Sévigné. C'est probablement dans une eau analogue qu'on l'aurait envoyée de nos jours.

Sa guérison par le traitement qu'elle suivit à Vichy vient à l'appui de ce que nous disions plus haut à propos des Eaux d'Aix, dont l'efficacité dépend entièrement de la manière dont elles sont administrées. L'usage de l'eau alcaline en boisson, que nous avons reconnue apte à favoriser la résorption des substances albuminoïdes était seule adaptée aux gonflements articulaires qui étaient la conséquence du rhumatisme. Dans tous les cas, elle guérit et fut plus heureuse que Mme de Montespan, qui était allée à Bourbon et qu'elle rencontra deux mois plus tard à Paris : « Mme de « Montespan, dit-elle, me parla de Bour- « bon, elle me pria de lui conter Vichy, « et comment je m'en étois trouvée ; « elle me dit que Bourbon, au lieu de « guérir un genou, lui avoit fait mal « aux deux. »

La favorite du grand Roi fut-elle aussi scrupuleuse dans son traitement ? Quoi qu'il en soit, Mme de Sévigné ne devait pas échapper à Bourbon, où elle alla onze ans plus tard, en 1687, et il est assez curieux de lire la combinaison qu'elle imagina alors entre les les deux eaux rivales : « Voyant, au quin- « zième ou seizième de septembre, que

« je n'étois que trop libre, je me résolus
« d'aller à Vichy, pour guérir tout au
« moins mon imagination sur des ma-
« nières de convulsions à la main
« gauche, et des visions de vapeurs qui
« me faisoient craindre l'apoplexie. Ce
« voyage proposé donna envie à Mme
« la duchesse de Chaulnes de le faire
« aussi. Je me joignis à elle; et comme
« j'avois envie de revenir à Bourbon, je
« ne la quittai point. Elle ne vouloit que
« Bourbon ; j'y fis venir des eaux de
« Vichy, qui, réchauffées dans les puits
« de Bourbon, sont admirables. J'en ai
« pris, et puis de celles de Bourbon :
« ce mélange est fort bon. Ces deux
« rivales se sont raccommodées en-
« semble, ce n'est plus qu'un cœur et
« qu'une âme : Vichy se repose dans le
« sein de Bourbon et se chauffe au coin
« de son feu, c'est-à-dire dans les bouil-

« lonnements de ses fontaines. Je m'en
« suis fort bien trouvée, et quand j'ai
« proposé la douche, on m'a trouvée
« en si bonné santé qu'on me l'a refusée,
« et l'on s'est moqué de mes craintes;
« on les a traitées de visions, et l'on
« m'a renvoyée. »

Ce passage est intéressant en ce qu'il nous offre peut-être le premier exemple connu de l'emploi des eaux de Vichy transportées, emploi si commun aujourd'hui[1]. L'idée de réchauffer l'eau de Vichy, qui a perdu sa chaleur par le transport, dans les puits de Bourbon, n'est pas moins heureuse. Souvent, de nos jours, lorsqu'on prescrit les eaux des sources chaudes transportées, on conseille de les réchauffer au bain-marie. Mais on se trouve mieux généra-

---

1 La Compagnie fermière exporte annuellement près de quatre millions de bouteilles.

lement de l'usage des sources froides, qui ne sont pas exposées aux mêmes déperditions. La source d'Hauterive, près Vichy, est celle qui présente sous ce rapport les meilleures conditions de stabilité.

Ainsi que nous l'avons vu, Mme de Sévigné boit douze verres d'eau de Vichy dès le premier jour de sa cure. Il est assez probable que, suivant la méthode usitée à cette époque, elle augmenta la dose les jours suivants. La pratique moderne a introduit sous ce rapport une réforme radicale. Je n'en veux d'autre preuve que l'usage des verres gradués, avec lesquels la plupart des buveurs d'eau de Vichy se présentent aujourd'hui aux différentes sources. On en voit qui ne boivent que cent cinquante ou deux cents grammes à la fois. Il résulte, en effet, des découvertes modernes, que certains médicaments agissent aussi bien à faibles qu'à fortes doses. L'action peut même être plus énergique si les doses sont, comme on dit, fractionnées. Ainsi, cinq centigrammes de calomel, divisés en douze prises, administrées d'heure en heure, produiront plus d'effet qu'un gramme du même médicament pris en une seule fois. Les préparations ferrugineuses sont dans le même cas. Il en est de même également du bi-carbonate de soude, et on obtient parfois plus sûrement ce qu'on appelle la saturation alcaline au moyen d'un verre d'eau de Vichy, pris en trois ou quatre fois, qu'en buvant ce même verre d'eau d'un seul trait.

On a découvert, en outre, plus d'un inconvénient à l'usage, adopté autrefois, de boire chaque jour de grandes quantités d'Eau de Vichy. Si l'estomac est affecté, ce qui est souvent le cas chez les malades qui viennent à Vichy, la membrane interne de cet organe se révolte contre ces doses inconsidérées, et elle peut même s'enflammer consécutivement. Un estomac sain lui-même a souvent de la difficulté à tolérer longtemps les faibles doses, et, à plus forte raison, les grandes quantités usitées autrefois. On peut observer, comme effet immédiat, une véritable indigestion d'eau, ou bien, au bout de quelques jours, comme effet secondaire, une sorte d'embarras ou de catarrhe gastrique, qui oblige à suspendre provisoirement la cure.

Enfin, on a signalé un danger véritable résultant, non de l'usage de trop grandes quantités d'eau de Vichy, mais de leur emploi trop longtemps prolongé. Certains épanchements séreux ou sanguins ont été attribués à un excès d'alcalinité et, par suite, à une trop grande fluidité du sang produite à la longue par l'eau de Vichy.

Tout en condamnant, comme méthode générale, l'usage intérieur des Eaux de Vichy à outrance, tel qu'il était pratiqué du temps de Mme de Sévigné, et tel que l'ont conservé de nos jours quelques buveurs récalcitrants, la science moderne a cependant certaines réserves à établir pour quelques cas particuliers. Lorsqu'il s'agit d'obtenir un effet résolutif sur des dépôts albuminoïdes, ou une action chimique dissolvante sur des produits concrets, on doit conserver l'emploi des hautes doses. Pour ne citer qu'un des exemples les plus probants, s'il s'agit d'une diathèse urique avec dépôt graveleux dans les voies urinaires, on doit produire la plus grande alcalinité possible des urines, et favoriser l'expulsion des graviers par de grandes quantités d'eau et d'acide carbonique, dont l'effet diurétique est incontestable.

C'est ainsi qu'on explique l'efficacité de l'eau de la source des *Célestins* employée à haute dose. Seulement l'emploi de ces hautes doses doit être scrupuleusement surveillé, afin d'éviter les accidents que nous avons mentionnés ci-dessus.

Aujourd'hui, comme au temps de Mme de Sévigné,[1] le régime diététique fait partie intégrante de la cure de Vichy. Il est de tradition, dans tous les établissements d'eaux alcalines, de proscrire de la table des baigneurs les acides, les fruits crus et la salade. L'acidité de certains aliments est réputée contraire à

---

[1] Lettre du 12 juin.

l'alcalinité que l'on veut produire. On se montre beaucoup plus tolérant sur ce point à Vichy depuis quelques années. M. Mialhe, un des représentants les plus autorisés de la nouvelle iatro-chimie, a parfaitement résumé les raison de cette tolérance dans une lettre publiée par le *Journal de Vichy,* en date du 24 mai 1877 :

Il existe trois sortes d'acides organiques : la première renferme des acides stables, inattaquables par l'oxygène, et qui, pour cette raison, résistent à la combustion physiologique et apparaissent inaltérés dans les sécrétions.

La seconde comprend des acides très-avides d'oxygène sous l'influence des alcalis, mais qui, par une oxydation partielle, donnent lieu à de nouveaux acides, plus fixes que ceux qui leur ont donné naissance, et que l'on constate dans le liquide secrété.

Enfin, la troisième classe comprend des acides

qui, par l'intervention des alcalis, absorbent l'oxygène condensé dans le sang, en proportion suffisante pour être entièrement oxydés ou brûlés.

Les acides organiques des deux premières classes doivent être proscrits du régime de Vichy, car leur administration aurait pour résultat d'anéantir l'action alcalisante de ces eaux, en donnant naissance à des sels indécomposables dans le sang. Lorsqu'on aura quelque raison d'éviter d'accroître l'acidité normale du liquide secrété, on devra s'abstenir de prescrire ce genre d'acides, même à titre de médicaments, attendu que chaque proportion d'acide introduite dans l'organisme priverait le sang d'une proportion équivalente d'alcali, et augmenterait notablement l'acidité du liquide secrété.

Les acides de la troisième classe peuvent, au contraire, faire partie du régime de Vichy, et, en effet, les acides acétique, lactique, citrique, malique, tartrique et autres acides végétaux contenus dans les aliments et les boisssons, sont entièrement destructibles dans l'organisme, ce qui fait que, lors de leur administration avec l'eau de Vichy, les sels qui résultent de ce mélange éprouvent dans le torrent de la circulation une oxydation complète, qui les transforme en eau, acide carbonique, et finalement en bicarbonates alcalins, que l'on constate dans le liquide secrété, qu'ils rendent alcalin au même degré que l'eau de Vichy qu'ils représentent.

D'où il résulte que, à part le cas où l'eau de Vichy est *administrée* à titre d'absorbant des acides gastriques, l'action de cette eau minérale est la même, soit que pendant son ingestion, on permette ou on proscrive l'usage du vin, du vinaigre ou des fruits très-acides, comme les citrons ou les groseilles. Bien plus, si pendant l'emploi de l'eau de Vichy on fait usage de fruits ou de boissons contenant, non des acides à peu près libres, mais bien des sels alcalins acides, tels qu'en renferment les fraises, le raisin et surtout les cerises, l'alcalisation de l'économie est beaucoup plus marquée que si l'eau de Vichy avait été administrée seule.

Loin donc de proscrire du régime de Vichy

les aliments et les boissons qui renferment des sels alcalins acides, il convient, au contraire, de les rechercher toutes les fois que les fonctions digestives et assimilatrices le permettent. Ces aliments et ces boissons conviennent surtout dans le traitement des maladies qui réclament l'eau de Vichy à haute dose; en y ayant recours, on arrive à une alcalisation suffisante, avec une ingestion moindre d'eau minérale. Par contre, dans la cure de la gravelle par les cerises, ou surtout dans la cure de cette même maladie traitée par l'usage du raisin, on arriverait à des résultats plus prompts et plus satisfaisants, en joignant à ce traitement l'usage d'une certaine quantité d'eau de Vichy; cette eau, en saturant les sels alcalins acides que les cerises et le raisin renferment, aurait pour effet d'assurer leur entière combustion physiologique; car on ne doit jamais oublier que c'est uniquement par l'intervention des alcalis que les acides végétaux combustibles s'oxydent, brûlent et deviennent de véritables éléments calorifiques.

Quel temps doit-on consacrer à la cure de Vichy? C'est là une question délicate sur laquelle Mme de Sévigné ne nous donne pas l'opinion de son temps. En compulsant ses lettres, nous voyons qu'elle est arrivée à Vichy le 18 mai, et qu'elle est repartie le 13 juin. Son traitement thermal a donc duré vingt-cinq jours. Il est vrai qu'elle n'a pas bu les Eaux pendant les huit jours consacrés aux douches, « huit jours, dit-elle, pen-
» dant lesquels je croyois boire; mais
» on ne veut pas, ce seroit trop de
» choses. » La médication nouvelle n'a pas ratifié cette exclusion et mène de front l'usage des eaux à l'intérieur et à l'extérieur. Les vingt-et-un jours traditionnels n'ont pas non plus reçu le cachet de l'expérience raisonnée de nos jours. Pourquoi vingt-et-un, et non vingt ou vingt-deux ? La médecine moderne ne

croit plus à l'influence cabalistique des nombres. Elle prend pour base les phénomènes observés et les indications à remplir. La saturation alcaline se traduit par les symptômes de l'embarras gastrique et par un dégoût profond des eaux. On s'arrête alors momentanément, si la cure ne date que de quelques jours; définitivement, si le traitement a produit l'effet désiré. Les cures prolongées sont réservées pour les cas dans lesquels il s'agit d'obtenir la résorption de dépôts albuminoïdes dans la profondeur des organes ou l'expulsion de concrétions calculeuses. Encore est-il bon, dans ces circonstances, d'interrompre le traitement pendant quelques jours, même pendant un ou deux mois, pour le reprendre ensuite. Les cures à une année d'intervalle, très-recommandées aujourd'hui, reposent sur les mêmes indications.

Mme de Sévigné ne parle pas des bains de Vichy, qui n'étaient pas indiqués dans le traitement de son affection rhumatismale. Les bains sont aujourd'hui un des plus précieux instruments de la médication thermale. On gradue leur durée et leur température selon les indications. On ne les administre plus dans ces cabanons humides tels que le *petit lieu souterrain*, dans lequel Mme de Sévigné prenait sa douche, mais dans des cabinets comfortables, qui répondent aux lois de l'hygiène et aux besoins de thérapeutique.[1]

La médication balnéaire de Vichy s'est en outre enrichie de précieux adjuvants dont on n'avait pas même l'idée au temps de Mme de Sévigné, tels que

[1] Grâce à l'organisation du service, dit le Guide publié par la Compagnie fermière, il est possible de donner, par 12 heures, jusqu'à 3,500 bains.

l'hydrothérapie, les appareils de pulvérisation des diverses eaux minérales, les inhalations d'oxygène et d'acide carbonique. Ces ressources variées de la thérapeutique moderne constituent des moyens précieux, sous la direction des habiles praticiens qui ne manquent pas à Vichy.

Bornons ici ces considérations ; notre but aura été atteint si nous avons fait partager au lecteur notre admiration pour les pages imagées dans lesquelles Mme de Sévigné raconte sa maladie, sa cure et le Vichy de son temps, et si nous avons fait comprendre les modifications qu'ont subies, depuis cette époque, les doctrines médicales, et particulièrement les règles de la médication thermale.

Il ne me reste plus qu'un vœu à

former en terminant : c'est que ceux qui, à l'exemple de Mme de Sévigné, viennent chercher la santé à Vichy, y guérissent aussi bien qu'elle, quoique par d'autres méthodes, et qu'ils ne soient pas au nombre des désespérés qu'elle a signalés comme quittant Vichy en disant :

> Ce bain si chaud, tant de fois éprouvé,
> M'a laissé comme il m'a trouvé.

VICHY

IMPRIMÉ PAR WALLON

JUILLET 1877.

www.ingramcontent.com/pod-product-compliance
Lightning Source LLC
LaVergne TN
LVHW051500090426
835512LV00010B/2263